INSTRUCTION SALUTAIRE

ADRESSÉE

AUX COMMUNAUTÉS JUIVES DE L'EMPIRE;

PAR le célèbre HARTWIC WEISLY, Juif de Berlin; traduite en François, en l'année 1782.

NOUVELLE ÉDITION,

AUGMENTÉE de Notes, d'une Lettre à M. l'Abbé MAURY, Député à l'Assemblée Nationale, par l'Editeur, & de la réponse de M. l'Abbé MAURY.

Paris, ce 10 Janvier 1790.

MONSIEUR,

J'AI vu avec autant de douleur que de surprise, qu'il étoit encore possible que des Membres de l'Assemblée Nationale, que des régénérateurs de la Liberté Françoise, s'opposassent à ce que les Juifs fussent admis au rang des autres hommes. En soutenant cette opinion avec autant de véhémence que d'éloquence, ils alléguent non-seulement que la Religion Juive est un obstacle à ce que ceux qui la professent puissent jamais devenir citoyens, mais encore qu'une sorte de réprobation doit être jettée sur la Religion elle-même: Après avoir établi ce principe, vous avez cependant la charité de réclamer pour les Juifs, *de la protection*, quoique cette compassion de votre part, à la suite de votre Discours, ressemble assez à ce que disoit M. de Voltaire, (il ne faut cependant pas les brûler.) Nous aimons encore à nous persuader, Monsieur, que vous n'avez pas étouffé tout sentiment humain à notre égard, & que si les Juifs parviennent à vous convaincre que l'homme Israélite ne différe pas des autres hommes, vous ne vous obstinerez plus à les priver des avantages que vous avez reconnu appartenir à tout le genre humain, par la Déclaration des droits de l'Homme. Pardonnez, Monsieur, si je vous distrais un instant de vos méditations profondes sur le bonheur des François, pour vous occuper du malheur de cinquante mille individus, François par leur amour pour le Roi, & leur respect pour la Loi, & qui ont à vos yeux, un titre que vous apprécierez sans doute, le malheur d'avoir été calomniés par vous dans un Discours éloquent, & d'après des exposés qui prouvent que vous avez été induit en erreur.

Vous avez dit, Monſieur, que les Juifs ne deviendront jamais citoyens, qu'ils ne le peuvent, ni ne le veulent. Je ne ſais de quelles preuves vous appuyerez ces aſſertions; mais permettez que moi, Juif (1), & connoiſſant l'eſprit de ce peuple, dont je fais partie, je combatte par quelques preuves, l'opinion que vous avez avancée : ma premiere eſt l'ouvrage que j'ai l'honneur de vous préſenter, & dont je vous prie de me permettre de faire paroître une nouvelle édition ſous vos auſpices, c'eſt l'Inſtruction adreſſée aux Communautés Juives de l'Empire, par M. *Naphtali Hertz Weiſly*, de Berlin.

Il avoit pour objet d'exhorter les Juifs à ſe rendre dignes des bienfaits que l'Empereur leur accorda en 1782. Vous y verrez, Monſieur, ce qu'il dit de la

(1) Naturaliſé en vertu des Lettres-Patentes du Roi, enregiſtrées au Parlement de Nancy, domicile du ſouſſigné.

ſtupidité, de l'ineptie & de l'ignorance dont on ne ceſſe de nous accuſer ; vous y verrez avec quel enthouſiaſme, avec quelle ſenſibilité il nous retrace les bienfaits de l'Empereur, nous engage à nous rendre utiles à l'Etat & à la Société : il éleve l'ame par l'eſpoir d'être bientôt compté au nombre des vrais citoyens ; il rapproche la Morale de la Religion, établit la liaiſon intime qui exiſte entre les Commandemens de Dieu & l'obſervation de la Loi civile & politique ; il fait de l'une & l'autre la baſe des inſtructions qu'il recommande de donner à notre Jeuneſſe.

Mais, Monſieur, ſi nos principes bien connus répondent à toutes les calomnies, j'oſe dire que les faits bien obſervés nous ſont encore favorables. C'eſt en 1782 que l'Empereur, par un premier Edit, a ſoulevé les fers des Juifs. En 1789 il vient par un nouvel Edit, de nous accorder, ſans reſtriction, les droits de citoyens, & la faculté d'occuper dans ses Etats toutes les places civiles & politiques. Nous avons donc justifié son premier bienfait, & l'on croit maintenant en Allemagne que nous pouvons & que nous voulons être citoyens; par quelle fatalité, la France qui a devancé, à tant d'égards, le siécle de la lumiere & de la raison, conserveroit-elle encore une erreur que les autres Nations abjurent? Croyez, Monsieur, que nous trouverons en France des hommes qui, comme le Rabbin Hertz Weisly, nous apprendront à observer nos Loix religieuses & vos Loix civiles; déjà, malgré l'oppression, nous comptons parmi nos freres des hommes instruits & distingués; je vous cite avec plaisir, M. Bing, Juif de Metz, dont j'ai l'honneur de vous envoyer un ouvrage, afin de prouver mon assertion. Je vous prie donc, Monsieur, de vouloir bien réfléchir, & prendre en considération les observations que j'ai l'honneur de soumettre à vos lumieres ; & si, comme j'aime à le croire, votre premiere opinion à l'égard des Juifs, n'a été établie que par les erreurs que l'on vous a suggérées sur leur compte, j'ose espérer que, convaincu du contraire, vous rétracterez vous-même, & par les mêmes motifs, votre premiere opinion, & concluerez avec tous ceux à qui la liberté individuelle est chere, que nous ne sommes pas indignes d'en jouir.

Si la bénédiction de cinquante mille individus pouvoit ajouter quelque chose à votre prospérité personnelle, ne doutez pas, Monsieur, de l'obtenir, ainsi que l'assurance du parfait dévouement avec lequel je suis très-respectueusement,

MONSIEUR,

Votre très - humble &
très-obéissant serviteur,
BERR, ISAAC BERR,
Pensionnaire de Monsieur,
Frere du Roi.

REPONSE.

Paris, ce 12 Janvier 1790.

JE viens de lire, Monſieur, les deux brochures que vous m'avez fait l'honneur de m'adreſſer, je n'y ai trouvé aucune raiſon qui puiſſe affoiblir mes principes ſur le peuple Juif. Si cette queſtion que vos partiſants ont eu l'adreſſe de faire ajourner indéfiniment, eſt ſoumiſe à une nouvelle diſcuſſion, je me flatte de juſtifier ma premiere opinion avec une telle évidence, qu'il ne reſtera plus deux avis dans l'Aſſemblée; mais en m'oppoſant perſévéramment à vos prétentions, je ſolliciterai toujours en faveur des Juifs la protection d'hoſpitalité que l'humanité réclame, & que la Nation Françoise doit à tous les Etrangers. J'ai l'honneur d'être très-parfaitement,

MONSIEUR,

Votre très-humble & très-obéissant serviteur,

L'ABBÉ MAURY.

INSTRUCTION
SALUTAIRE
ADRESSÉE
AUX COMMUNAUTÉS JUIVES
DE L'EMPIRE.

CHAPITRE PREMIER.

LE plus savant des hommes dit : (Pro. ch. 22, ℣. 6.) *Instruis le jeune homme selon sa voie ; lors même qu'il sera devenu vieux il ne s'en écartera point.* Cette maxime renferme deux choses ; la premiere est d'instruire le jeune-homme dès son enfance, pendant que son cœur est encore dégagé des pensées vaines du monde, & des sentimens pervers & erronés ; parce que ſon cœur étant alors comme un papier blanc & uni, il eſt facile d'y écrire des choſes vraies, & de les y bien imprimer; & la ſeconde, eſt de l'inſtruire ſelon ſes facultés & ſes diſpoſitions. Les facultés de l'ame & les tempéraments de l'homme n'étant point égaux, *ſouvent ce qui eſt facile pour l'intelligence de l'un, eſt difficile pour celle de l'autre*, comme nous le démontrerons dans le chap. 8 ci-après; de ſorte que ſi l'on inſtruit le jeune-homme dès ſon enfance, & ſelon ſes forces & ſes diſpoſitions, *il ne s'en écartera jamais dans un âge plus avancé.*

L'inſtruction la mieux ordonnée & la plus convenable que l'on puiſſe donner aux jeunes Iſraélites, eſt de la diviſer en deux parties; l'une, de leur apprendre la loi de l'homme, qui ſont ces choſes par leſquelles ceux qui les poſſedent ſont dignes d'être appellés *hommes*, parce que cette épithete ne ſauroit convenir à celui qui en eſt privé, comme nous l'expliquerons par la ſuite ; & l'autre, de l'inſtruire dans la loi divine, qui ſont les ſtatuts de Dieu & ſes commandements ; les choſes qui ſont au-deſſus du raiſonnement humain, & qui n'ont été connues de notre grand légiſlateur Moïſe que par la voie de la révélation ; car ſi elles ne nous fuſſent point parvenues par cette voie divine, elles ſeroient encore inconnues, même aux plus illuſtres ſavants de l'univers ; & les ſujets de ces choſes n'étant point cauſés par des loix hors de la nature, les enfants d'Iſraël ſont obligés de s'en inſtruire.

Ces loix divines ſont celles qui ſont écrites dans les livres de Moïſe, & dont l'explication lui a été inſpirée par la bouche du Très-Haut, qui eſt la véritable lumiere de la prophétie. Ce même Moïſe a remis ces loix divines à Joſué, & Joſué les a remiſes aux vieillards de ſon ſiecle ; & de cette maniere elles ont passé verbalement de siecle en siecle jusqu'à la seconde captivité des Israélites faite par les Romains ; car alors ils furent dispersés dans les quatre parties du monde. Leurs malheurs ayant par ce moyen augmentés, & les esprits s'étant affoiblis, les savants de ces siecles gémissoient de voir que dans la suite des temps la loi divine s'oublieroit insensiblement dans Israël ; ils résolurent d'écrire les choses révélées à l'explication traditive de la loi : choses que si elles n'eussent point été écrites pour les perpétuer de siecle en siecle, il n'auroit pas été possible aux plus grands savants des autres siecles de pouvoir, par leur esprit & par leur intelligence, les inventer. Mais la loi de l'homme, qui n'est formée que de ces choses que le bon sens dicte, & que la plus grande partie des hommes sensés approuve, il n'a pas été nécessaire de l'écrire, parce que l'homme intelligent la comprend p... lui-même, ou l'apprend verbalement des ſavants de ſon ſiecle.

Dans cette loi de l'homme ſont compriſes la connoiſſance des loix politiques, la diſcipline, les bonnes mœurs, la civilité, la maniere de raiſonner juſte, & de s'exprimer avec grace & pureté; parce que toutes ces choſes, & pluſieurs autres de la même nature, ſont gravées dans l'entendement humain. Néanmoins l'homme intelligent peut auſſi comprendre beaucoup de paſſages de la loi divine, de façon de parler de l'Ecriture-ſainte, & pluſieurs voies du Seigneur qu'elle renferme, comme nous l'expliquerons dans le chap. 6 ci-après. Cette même loi de l'homme enſeigne à connoître l'hiſtoire, la géographie, la politique, les loix particulieres de l'Etat, &c. Elle renferme les différentes ſciences des mathématiques, comme l'arithmétique, la géométrie, l'aſtronomie, &c. dont les premieres notions étant gravées dans l'entendement humain, il entasse & enfante ensuite les véritables productions dans les différents sujets des sciences. Elle renferme aussi les sciences de la nature, c'est-à-dire, la connoissance de toutes les parties de la physique, comme des animaux, des végétaux, des minéraux, des éléments, des météores, &c.; les sciences de la botanique, de l'anatomie, de la médecine, de la chimie, &c. Toutes ces connoissances sont du ressort de l'homme, & appartiennent à son intelligence, sans qu'il ait besoin du secours de la loi de Dieu & des connoissances divines pour y atteindre, ni des livres pour les graver dans sa mémoire.

La loi de l'homme a été néanmoins long-temps avant la loi divine, parce qu'il est de toute nécessité que l'homme, dès son enfance, se pare de toutes ces connoissances, afin qu'il s'habitue à craindre son Créateur & à le connoître; & par elles il pourra être appelé lé *homme*. Par ces mêmes connoiſſances ſon cœur ſera diſpoſé à apprendre la loi de Dieu & ſes ſtatuts, à obſerver ſes commandements divins & ſublimes, ſelon les limites de ſon entendement humain. C'eſt-là la loi d'un vrai Iſraélite, & c'eſt ce que les anciens Rabbins, de glorieuſe mémoire, ont dit : que la loi de l'homme à devancé de vingt-ſix ſiecles la loi divine; car depuis Adam juſqu'à Moïſe il y a eu vingt-ſix générations qui ne ſe conduiſoient que par la loi de l'homme, dont la baſe eſt les ſept préceptes de Noé & toutes ces particularités, & que la plus grande partie des ſavants admettent. Les loix civiles, les mathématiques, la phyſique en général, étant toutes utiles à la ſociété & au gouvernement politique, enſeignent comment on doit ſe ſervir des choſes de ce bas-monde pour l'utilité des hommes, & cauſent la félicité des individus dans toutes leurs opérations, parce qu'elles donnent le pouvoir à chacun d'eux de s'entr'aider dans toutes leurs entreprises; c'est pourquoi celui qui est privé de cette loi de l'homme, quoiqu'il ait appris la loi de Dieu, & qu'il se conduise par elle seulement, il ne se trouve point tout-à-fait satisfait; premierement, parce que la société devient à charge aux autres individus; il manque d'usage dans tout ce qu'il fait; il parle sans connoissance des choses mondaines; il est si peu habitué dans les affaires terrestres, qu'il regarde comme vaines & inutiles, qu'il n'est d'aucun secours à la société. Secondement, quoique la loi divine & ses statuts soient au-dessus de la loi de l'homme, ils ne laissent pas d'y être liés & attachés; & là où la loi de l'homme finit, celle de Dieu commence, & nous apprend des choses qu'il n'est point au pouvoir de l'homme d'atteindre. Or celui qui étant privé de la loi de Dieu ne connoît que celle de l'homme, quoique ſes lumieres ne ſoient point utiles aux ſavants Iſraélites, elles le ſont au reſte des mortels; au lieu que celui qui étant privé des connoiſſances de la loi de l'homme ne connoît que celle de Dieu, n'eſt agréable ni aux ſavants des Iſraélites, ni au reſte des hommes. C'eſt ce que les anciens Rabbins ont voulu dire dans le livre Midras (Lévitiq. ſect. premiere), *tout ſavant qui n'a point de connoiſſance*, c'eſt-à-dire, tout ſavant qui, connoiſſant la loi de Dieu, ne connoît point celle de l'homme, *un cadavre vaut mieux que lui*; maniere de parler proverbiale dont les Rabbins ſe ſont ſervis pour exprimer, que de même qu'une bête non égorgée comme il faut pour un Iſraélite, quoiqu'elle n'ait rien de dégoûtant, ni de mépriſable, & qu'il ſoit permis aux étrangers d'en manger, elle eſt cependant défendue à un Iſraélite, & regardée comme bête morte dans le champ. Celui donc qui n'a point de connoiſſance de la loi de l'homme, n'eſt utile ni aux ſavants de ſa nation, ni à ceux des autres peuples; il mépriſe ſa loi, & devient odieux aux yeux des hommes.

CHAPITRE II.

Dès les premiers temps, la loi de l'homme a été inculquée dans le cœur des grands hommes; la ſociété politique s'eſt ſoutenue & établie par elle; les hommes ont été fondés par cette loi; les habitants de l'univers ont été diviſés en différents empires, & ces empires en différentes provinces. Les uns ſe ſont faits commandants ou magiſtrats, d'autres, ſoldats & défenſeurs des villes, & quelques-uns, ſavants, leſquels ont inſtitué des colléges & des univerſités, afin d'inſtruire les peuples dans les différentes ſciences; & d'autres enfin ſe ſont faits artiſtes, agriculteurs, vignerons ou laboureurs. On a établi dans chacune de ces divisions des loix & des usages particuliers, afin que chaque individu de ces mêmes divisions sût comment il doit se régler & se conduire dans son art ou dans sa science particuliere, & avec les individus des autres divisions dans leurs arts & leurs sciences. Ils sont convenus, de même, des droits des nations, & des loix réciproques que les rois doivent observer entre eux, par le moyen desquelles on a établi la paix universelle. Un royaume même a besoin quelquefois du secours d'un autre royaume, soit dans les forces, dans les arts, dans les sciences, ou dans les différentes branches du commerce; parce que les marchandises qui se trouvent dans l'un ne se trouvent pas quelquefois dans l'autre; par ce même moyen, les différentes parties de l'univers se trouvent liées les unes avec les autres, & recherchent mutuëllement la paix les unes des autres, étant persuadées que, par le moyen de cette paix, elles sont tranquilles, &,

qu'au contraire, elles sont inquiétées par les fléaux de la guerre; & de cette maniere, un simple individu peut être d'une grande utilité à un public (1).

La loi de l'homme a servi aussi d'un grand fondement aux chefs de notre peuple, aux rois, aux hommes pieux, & aux prophetes divins, quoiqu'ils fussent inspirés par l'Esprit saint, & même elle a servi au pere de tous les prophetes; à notre grand législateur Moïse qui, par le moyen de sa divine prophétie, a reçu la loi de Dieu & les statuts. Tous ces grands hommes, par leur divine intelligence, n'ont acquis que les choses sublimes & cachées, parce que le suprême artiste ayant, dès la création de l'homme, disposé l'ame à recevoir les connoissances de la nature pour les choses nécessaires à la vie civile, il a inspiré dans cette ame le savoir & l'intelli-

(1) Cinquante mille individus ont de la peine à faire croire à quelques Membres de l'Assemblée Nationale, qu'ils peuvent être utiles.

gence des différents objets qui se présentent, pour qu'elle puisse retirer, en les connoissant, tout ce qui pourroit être utile & nécessaire pour la conservation & le bon ordre des différentes provinces & régions de la terre; de sorte que tous ces hommes distingués par leur science infuse, étoient déjà instruits de toutes les loix, de tous les usages & de tous les arts, & de toutes les sciences qui sont comprises dans la loi de l'homme, avant que les choses divines leur aient été révélées; & ils ne les ont point abandonnées, même après que la lumiere de la divine prophétie les a éclairés, parce que cette même loi de l'homme leur étoit nécessaire à tout instant. Lorsqu'ils parloient en particulier ou au public, lorsqu'ils avoient à faire à quelque peuple ou à quelqu'autre roi ou souverain, afin de conduire leur discours avec grace & esprit; & il est impossible à un homme quelconque de bien conduire un Etat ou une Nation, ou d'établir la paix entre eux, s'il ne connoît point les arts & les ſciences de la loi de l'homme. Quoique les Iſraélites aient été établis dans la Terre promiſe, qu'ils aient fondés leur domination & placés leurs tributs dans leurs villes & dans leurs poſſeſſions, ſelon les inſtructions de la loi de Dieu, ils ont eu beſoin néanmoins de celle de l'homme, afin de dreſſer des endroits particuliers pour la juriſprudence, & de diriger, ſelon la loi de Dieu, toutes les choſes ſous un ordre convenable; d'établir des colléges & des univerſités de ſavants pour inſtruire le public, & procéder à l'éducation de la jeuneſſe ſelon la divine volonté. Ils ont eu beſoin auſſi de géometres habiles pour meſurer les terres; d'architectes & de maçons pour bâtir les forteresſes, les tours & les maiſons; des ſavants dans l'art de la guerre & de tous ſes uſtenſiles; des aſtronomes & des computiſtes; des agriculteurs & des jardiniers; des hiſtoriographes pour écrire l'histoire des peuples ; & enfin ils ont eu besoin de connoître les différents royaumes de la terre, leurs habitants, leurs pays, leur croyance, leurs usages & leurs forces ; & de faire attention aux événements journaliers qui arrivent dans les différents endroits du monde. La preuve de cela est marquée dans ce passage des Paralipomenes, (chap. 29, ℣. 29 & 30) : *Or, quant aux faits du roi David, tant les premiers que les derniers, tout son regne, ses forces & les temps qui s'écoulerent sur lui, sur Israël & sur tous les royaumes de la terre, sont écrits dans le livre de Samuel le voyant, dans celui de Nathan le prophete, & dans ceux de Gad le voyant.* Toutes ces choses, &c. sont donc nécessaires pour la durée & la perpétuité de tous les royaumes qui sont établis sur la terre ; mais au-dessus de toutes ces choses-là, nous sommes obligés, en bons Israélites, de connoître la loi de Dieu & les ſaints commandements, d'imiter ſes voies divines, parce que la ſcience de l'ame, qui eſt la perfection de la fin de l'homme, eſt compriſe dans ces connoiſſances ſublimes; or, la loi de Dieu & la loi de l'homme étant toutes les deux l'ouvrage de l'Etre ſuprême, ſe trouvent néceſſairement toujours enſemble, comme deux ſœurs jumelles: Et de même que la loi de Dieu ſert de parure & d'ornement à la loi de l'homme en général, une partie des connoiſſances de cette derniere ſert de parure & d'ornement à la loi de l'homme de tous les autres peuples; & finalement, elle les a dévancées toutes, parce que de même que l'enfance & la jeuneſſe précedent la vieilleſſe & la caducité, que la nuit précede le jour, que l'hiver précede l'été, &c. la loi de l'homme a préparé l'ame d'avance, afin qu'elle puiſſe ſe perfectionner & connoître même les divines inſtructions comme nous l'avons dit ci-deſſus. De cette façon, on trouve

qu'à

qu'à présent même tous les royaumes qui, dans leurs états, sont tranquilles & bien policés, ne le sont que parce que la loi de l'homme s'est établie parmi eux. Et tous les particuliers d'un royaume n'ayant qu'une seule & même route à suivre (1), connoissent en général tous les arts & toutes les sciences, & chacun d'eux s'occupe, selon que son esprit le conduit, à quelqu'un de ces arts ou à quelqu'une de ces sciences; &, par ce moyen, toute la société se soutient. Les royaumes entre eux ne different que du plus au moins; ceux dont la police, dans leurs provinces, est mieux établie, plus la gloire en est grande, & plus ils se fortifient en science, en puissance, en richesses & en honneur (2); & ceux

(1) Mais, si par des anciens préjugés, on écarte une portion d'hommes de cette seule & même route, est-il étrange qu'elle ne s'occupe plus que de son intérêt particulier, puisqu'elle ne peut contribuer à l'intérêt général?

(2) La France va en donner la preuve, par

dont cette même police est mal dirigée, perdent insensiblement, dans leurs états, leur gloire & leur dignité; la chose est si claire & si évidente, qu'il est inutile d'en porter des preuves.

CHAPITRE III.

IL y a sur la terre un seul peuple qui, depuis long-temps, n'a point fait de cas de la loi de l'homme, & qui dans sa jeunesse & dans ses écoles a toujours négligé l'étude des arts & des sciences. Ce peuple est notre peuple Juif, qui étant dispersé dans presque toute la surface de la terre, & habitant dans la plus grande partie de ses empires & royaumes, a tourné le dos à toutes les connoissances humaines, & plus particuliérement encore la partie de ce même peuple qui habite l'Allemagne & la

la nouvelle Constitution que nous allons avoir le bonheur de posséder.

Pologne. Plusieurs de ses individus ont, à la vérité, beaucoup d'esprit & d'intelligence, ils sont honnêtes & pleins de probité; mais toute leur occupation & toutes leurs études sont, dès leur enfance, dans la loi de Dieu & ses commandements; ils ignorent tout-à-fait les arts & les sciences; la grammaire de leur propre langue sainte, qui est la source de toutes les sciences & de la discipline; ses regles, l'élégance & la beauté de ses phrases leur sont inconnues, & plus encore la pureté du langage du peuple parmi lequel ils habitent. La géographie, l'histoire, les loix civiles & politiques de l'état, la physique, les mathématiques, &c., sont pour eux autant de mysteres, parce que dès leurs premiers âges n'ayant été instruits que par des parents ou des précepteurs qui ne les connoissoient point, ils n'en ont jamais entendu parler. Les fondements de la religion & de la croyance leur sont foiblement connus ; ils ne les apprennent que sans ordre, & les enfants ne les savent que d'une seule maniere. Ils n'ont jamais appris à leurs écoles ni bonnes mœurs ni la science de l'ame. Lorsque quelques-uns de ces écoliers, après avoir grandi & fait quelques progrès dans les études divines, s'apperçoivent de ce qui leur manque, de ce qui leur est inconnu, s'efforcent avec beaucoup de peine d'y remédier ; ils entassent, sans ordre & sans en pouvoir tirer aucun profit, quelques mots qu'ils ont lu par-ci, par-là, dans quelques livres de sciences, ou qu'ils ont entendu de quelque savant ; de sorte que leur savoir ressemble à un homme qui en hiver est habillé d'un habit léger. On ne trouve dans ces sortes d'instructions un savoir net & pur, que dans ceux dont l'inclination & le goût les ont portés à faire attention aux sciences & à les bien comprendre, qui d'abord ont appris les langues étrangeres en s'y bien appliquant, & qui par eux-mêmes ont fait de grands progrès sans le secours d'aucun maître, & l'encouragement de leurs parents, & par l'amour qu'ils ont eu pour la vérité. Des hommes de cette espece sont très-rares. Et lorsque le peuple ignorant, qui est le plus grand nombre, n'a point fait de progrès dans les études de la loi de Dieu, il l'est beaucoup plus encore dans la loi de l'homme. Il manque dans les regles essentielles du langage; il peche continuellement contre les loix civiles, contre les arts & contre les sciences, & il les regarde toutes comme des choses indifférentes & inutiles. Ce défaut s'est augmenté malheureusement de plus en plus dans notre peuple, & a continué jusqu'à ce jour; de sorte qu'on ne trouve plus personne parmi nous qui soit en état de nous éclairer, & d'ôter de dessus nos épaules le fardeau de l'ignorance qui nous accable.

O enfants de Jacob! ne soyez point

étonnés, & ne dites pas comment cela s'est fait, comment un peuple qui a été appellé par Dieu un peuple savant & intelligent, & qui a été le flambeau des autres nations, a-t-il pu changer à un peuple qui de tout tems s'est attaché aux études & à la méditation des sublimes commandements de Dieu, & ses voies divines & spirituelles, comment est-il devenu le plus stupide des peuples? comment a-t-il pu négliger entierement ces connoissances qui font la gloire & l'admiration de tous ceux qui les possedent? Ne sommes-nous pas ce même peuple qui s'occupe encore continuellement de la loi de Dieu & de ses institutions? N'avons-nous pas parmi ce peuple des hommes très-intelligents dont la pénétration dans ces divines études passe l'imagination? des hommes dont l'esprit brillant pénetre d'une maniere admirable dans toutes les études qu'ils entreprennent, & dont le savoir profond & ingénieux invente

& découvre des choſes nouvelles? Comment eſt-il poſſible enfin que des hommes de cette nature puiſſent être dépourvus entierement des ſciences & des connoiſſances humaines?

Non, ne vous étonnez pas; ce n'eſt pas à nous à qui il faut s'en prendre, à qui il faut en attribuer la faute, à qui il faut donner tout le tort; c'eſt jadis à ces peuples barbares, inhumains, qui exiſtoient il y a plus de mille ans, à ces peuples qui nous ont inquiétés, qui nous ont perſécutés, qui par ordre de leurs ſouverains & de leurs miniſtres nous ont fait beaucoup de mal, qui ont fait publier des arrêts cruels & déteſtables, des arrêts contraires au bon ſens & à la raiſon, pour nous anéantir, qui enfin par des ruſes & des chicanes ont cherché à nous mettre plus bas que la pouſſiere; ce ſont ces mêmes peuples qui ont agi méchamment, & qui ont été rebelles à la loi de l'homme, qui nous ont foulés aux pieds & réduits à la derniere des miseres, qui nous ont accablés de fardeaux onéreux, de peines & d'afflictions, qui nous ont fait gémir sous le poids de l'esclavage; notre cœur depuis lors voyant que de tout temps nous avons été menés durement, que nous avons été regardés jusqu'à présent par nos agresseurs au-dessous de la classe des hommes, & qu'enfin nous ne pouvions avoir aucune part ni aucune jouissance dans tout ce bien dont le Seigneur a favorisé ses créatures depuis un bout du monde à l'autre; notre cœur, dis-je, s'est tellement navré, & nos mains ont été si affoiblies, que nous avons abandonné entierement l'étude de la loi de l'homme, abhorré toutes les choses qui existent sous les cieux, & négligé, malgré nous, toutes ces connoissances dont le but est de se bien conduire dans les sciences économiques, de connoître les merveilles de la nature, de savoir calculer le cours des aſtres & des planetes, de voir ce qui eſt néceſſaire à l'agriculture & à la culture des terres, de s'inſtruire dans les arts de la navigation, de bâtir des villes & des forteteſſes, & de connoître enfin les droits des nations & les différents uſages des empires & des puiſſances de l'univers. Quel avantage, avons-nous dit, retirerons-nous de ces choſes? Les habitants du pays ſont nos ennemis, ils ne nous écouteront point, ils ne feront point de cas de nos facultés, ils ne nous permettent pas même d'avoir des biens-fonds; laiſſons donc toutes ces ſciences & ces inſtructions, mettons de côté toutes ces connoiſſances, & abandonnons-nous entierement au commerce & au trafic, ne nous reſtant que ce ſeul moyen pour vivre, & pour entretenir & faire ſubſiſter nos familles, & encore avec beaucoup de gêne & de reſtriction; appuyons-nous ſur les miſéricordes de notre pere qui eſt dans le ciel, &

ne nous occupons que de ces choses, qui peuvent nous conduire à la félicité éternelle, qui sont la loi de Dieu & les saints commandements que sa divine sagesse nous a imposés, & par lesquels sa toute-puissance a contracté son alliance avec nos peres. Les hommes savants & distingués d'entre notre peuple ont aussi négligé & cessé d'enseigner la loi de l'homme au reste du peuple, à cause que toutes les douceurs & tous les agréments des arts & des sciences se convertissoient en amertume, & que lorsqu'il vouloit apprendre au peuple l'amour du prochain, qui est la gloire & la couronne de toutes les connoissances civiles & politiques, il n'y faisoit aucune attention, parce qu'il se voyoit parmi des peuples cruels qui, par des détours & des machinations, cherchoient continuellement à le détruire. La cruauté, les fausses accusations, l'indignation & l'inhumanité, étoient leur grand ressort pour l'anéantir ; au lieu de l'aimer, ils l'ont toujours haï & détesté ; si quelquefois ce même peuple s'instruisoit dans la pureté du langage des autres peuples, afin de diriger ses paroles, & de conduire son discours selon les regles de la langue, & de s'insinuer par ce moyen dans les bonnes graces du roi, des princes, ou des autres personnes, on ne l'écoutoit pas, on méprisoit souverainement ses talents & son esprit ; & à cause de la grande haine qu'on a eue de tout temps pour ce pauvre peuple, on le renvoyoit en le couvrant de honte & de mépris. Lors même qu'il auroit voulu s'instruire des sciences de la physique & des mathématiques, il étoit forcé de s'en dégoûter, ne pouvant en retirer aucun profit, vu qu'il ne pouvoit être ni agriculteur, ni architecte, ni artiste, ni membre d'aucune société, ni admis dans aucune classe où les hommes se forment, parce que parmi les autres peuples ou nations on n'a jamais voulu admettre aucun de ses individus dans aucune de leurs assemblées, ni dans aucun de leurs colleges. Une fois donc que notre peuple, par la suite de temps, & par ses vicissitudes, a oublié toutes ces sciences & ces instructions, il n'a plus été dans son pouvoir de les reprendre, même dans les provinces où le souverain, en adoucissant en partie son esclavage, l'a toléré, parce qu'il en étoit déjà éloigné, qu'il n'avoit point de livres Hébreux pour l'en instruire, & qu'il s'étoit déshabitué tout-à-fait de connoître & de parler la langue de ces peuples dans laquelle toutes ces sciences ont été écrites, étant obligé, comme nous l'avons dit, de s'éloigner de tous ces peuples & de leurs langages, par rapport aux grands tourments que notre peuple a de tout temps souffert parmi eux; de sorte qu'il n'a jamais pu ni s'instruire de la pureté de leurs langues, ni étudier dans leurs livres; par rapport à ces mêmes tourments & aux contre-temps que ce peuple persécuté à essuyés, il a été souvent forcé d'aller d'un pays à l'autre ou d'une nation à l'autre, où il a appris partie de la langue d'un pays & partie de celle d'un autre; de-là son langage a été tellement confondu & barbare, qu'il n'a jamais su parler ni l'une ni l'autre langue; il est même étonnant qu'après tant de contre-temps que ce peuple à essuyés, on le trouve encore existant parmi les autres peuples, qu'il ait résisté à un torrent de malheurs impétueux, & qu'il ait pu conserver encore les usages des hommes; il est donc certain que, quoique privé de toutes les connoissances de l'homme, c'est la force de la loi de Dieu qui l'a de tout temps soutenu; c'est elle qui l'a protégé, c'est elle enfin qui a formé dans ce même peuple de siecle en siecle, un cœur humain, qui l'a préservé de la cruauté & de la noirceur, qui l'a empêché de commettre, à Dieu ne plaiſe, des crimes capitaux & du meurtre; il n'a été d'aucun temps porté ni pour la trahiſon ni pour la ſédition; il ne s'eſt jamais ligué avec cette claſſe d'hommes qui ne complottent que le mal envers leurs ſemblables; au contraire, il a été dans tous les ſiecles fidele au roi ſous la domination duquel il a habité; il a toujours prié pour la conſervation de l'Etat & du ſouverain; & quoiqu'il ſe ſoit vu ſans ceſſe dans un état d'humiliation & mépriſable, il s'eſt toujours conſolé de voir que de tout temps il a été innocent, & il s'eſt contenté de dire que ce ſont des anciens préjugés qui ſe ſont gliſſés dans l'eſprit des ces peuples & de ces ſeigneurs, & qu'ils continuent de ſuivre les maximes de leur ancêtres. Ce peuple malheureux a prié inceſſamment l'Etre ſuprême qu'il convertiſſe leurs penſées en ſa faveur, afin qu'ils lui faſſent du bien,

& qu'ils le regardent avec un œil de compassion (1).

Et comme toutes ces choses ont passé de la même maniere de siecle en siecle, & qu'elles sont encore aujourd'hui dans le même état, quoiqu'il y ait eu dans plusieurs royaumes des souverains bons & pieux, & que dans ce même siecle on trouve parmi les puissances de l'Europe des rois bienfaisants, des savants & des amis des hommes, & qu'ils aiment le bien du peuple, (que Dieu veuille se souvenir d'eux en leur faveur) les loix inhumaines & dures que les anciens peuples barbares ont imposées sur la nation Juive, l'intention qu'ils ont eu de l'éloigner de la société des hommes, & de l'empêcher de faire ce qui est utile au prochain, ces

(1) Si personne ne peut contester ces vérités, comme je le crois sincérement, peut-on mettre en doute, qu'en admettant un tel peuple au rang des citoyens, il ne laissera échapper aucune occasion pour s'en montrer digne ?

dures loix, dis-je, ne sont point encore abolies; elles ont pris trop de racine, & par la longueur des temps elles ont trop vieilli dans le cœur des peuples & des seigneurs; il semble même impossible que la bienfaisance & l'humanité puissent prendre le dessus; que les esprits puissent avoir assez de force pour les combattre, & qu'on puisse rétablir ce qui a été si long-temps renversé, & lorsque l'esprit éclairé & l'ame bienfaisante veulent réfléchir un instant sur la dureté des loix qu'on a imposées, l'habitude qu'on en a prise les éclipse tout d'un coup, & empêche souvent d'y remédier, & d'avoir compassion de tant de misérables & de tant d'ames innocentes, qui n'ont jamais pensé à faire le mal, & qui n'ont d'autre crime que celui d'etre nées de parents Juifs, & d'avoir suivi leur ancienne croyance, (1).

(1) Voilà sans doute, un des grands motifs

de même que les autres peuples de l'univers suivent la leur, sous laquelle ils ont pris naissance, & dont ils ont sucé le lait. La croyance de notre peuple n'est cependant que celle de l'unité de Dieu qui est le pere commun de tous les hommes qui habitent les quatre parties de l'univers, dont la loi est d'aimer le prochain, de suivre le chemin de sa bonne morale qu'elle enseigne, & malgré que cette même loi est la base & le fondement de toutes les autres loix de l'Asie & de l'Europe, &c. on ne regarde pas mieux cette pauvre nation affligée, qui la suit, tellement qu'elle croit que tous ces malheurs & contre-temps ne doivent finir qu'avec son esclavage.

de quelques Membres de l'Assemblée Nationale, pour combattre l'opinion des autres Membres de la même auguste Assemblée qui voudroient anéantir ces loix dures & cruelles imposées aux Juifs.

CHAPITRE IV.

LES choses de ce monde ne sont pas toujours comme on les voit ; & les vicissitudes ne sont pas toujours les mêmes. Le roi savant dit : Il y a un temps pour tout, & il y a des limites à tout. Depuis que le suprême artiste a fait le ciel & la terre, il en a si bien disposé l'ordre par sa sagesse infinie, que les changements & les révolutions se succedent alternativement les unes aux autres : car d'un seul coup-d'œil il a vu dès le commencement tous les siecles passés, présents & à venir ; il a vu de même toutes les nouvelles découvertes que les savants & les personnes habiles ont faites, de siecle en siecle, dans les sciences de la physique & des mathématiques, comme celles de l'Amérique, de la poudre à canon, de l'optique, de l'imprimerie, &c.

L'auteur de la nature a nommé aussi dès le commencement les chefs & les conducteurs des hommes de tous les siecles du monde ; il a placé les rois sur les trônes pour être les instruments de sa volonté divine, pour faire exécuter par leurs moyens sa loi & ses jugements, & pour annoncer sa divine parole & ses œuvres inimitables, comme on le voit dans ce passage d'Isaïe, (chap. 45, v. 1.) : *C'est ainsi que le Seigneur a parlé à son oint Cyrus, &c.*; où le prophete prédit la défaite des Babyloniens trois cents ans avant son arrivée; & dans ce passage de (1. Rois, chap. 13, v. 2.), où cet homme de Dieu dit à Jeroboham, deux cents ans avant l'événement : *Qu'il naîtra un fils à la maison de David, dont le nom sera Josias.* Le roi Salomon ayant donné un temps à tout, dans lequel tous les habitants de la terre sont compris, soit pour le bien, soit pour le mal, a dit aussi : qu'*il y a un temps pour aimer & un temps pour haïr*; (Eccl. chap. 9, v. 3). Peut-être que le temps d'aimer & celui d'effacer la haine du cœur des hommes sont arrivés (1); cette haine injuste & sans cause, dont la source n'a été fondée que sur les différents cultes & la vanité des croyances. O siecle fortuné ! ô peuple heureux ! voyez combien la sagesse divine est impénétrable ! combien ses bontés sont grandes, d'avoir placé sur le trône (2) impérial un restaurateur du

(1) N'en doutons pas, la Constitution Française va sans doute être imitée dans les quatre parties du monde.

(2) Nous avons un plus grand bonheur encore de voir sur le trône des Français, un Louis XVI, *restaurateur de la Liberté Française*, qui depuis son avénement au trône, n'a rien fait qui ne respire la bienfaisance & l'humanité; qui déjà au mois de Janvier 1784, nous a déclarés ses sujets, & a étendu sur nous sa bonté paternelle, en abolissant toutes les taxes corporelles imposées sur nous. Voilà le motif de

genre-humain, un ami inviolable de l'humanité, un empereur magnifique, un Joseph II! (que Dieu veuille le tenir à jamais en sa garde). Outre la renommée que ce grand prince s'est acquise dans les sciences, dans le sage conseil de gouverner, dans l'art de la guerre & dans la bonne discipline de

l'Edit. » LOUIS, par la grace de Dieu, &c.
» Par la vérification des droits de péages que
» nous faisons continuer avec soin, dans la vue
» d'affranchir aussi-tôt que les circonstances le
» permettront, le commerce, des entraves qu'ils
» y apportent; Nous avons reconnu que, sui-
» vant plusieurs tarifs & pancartes desdits
» droits, notamment en Alsace, & à l'entrée
» de la ville de Strasbourg, des Juifs sont as-
» sujettis à une taxe corporelle, qui les assimile
» aux animaux; & *comme il répugne aux senti-*
» *mens que nous étendons sur tous nos* sujets,
» *de laisser subsister à l'égard d'aucun d'eux,*
» *une imposition qui semble avilir l'humanité,*
» nous avons cru devoir l'abolir. A CES CAU-
» SES, &c. » & qui enfin a assemblé sa Nation, pour concourir avec elle à rendre son Peuple le plus heureux des peuples de la terre.

ſes ſoldats ; Sa Majeſté impériale a fait éclater de nouveau ſes bienfaits par des édits ſalutaires, qu'elle a fait publier en faveur de ſes peuples dans toutes les provinces de ſon empire ; édits que ſa ſageſſe & ſon intelligence ont dictés pour le bien & la tranquillité de ſes ſujets, & dont les fondements ne ſont établis que ſur le bien de la ſociété & ſur l'amour de l'humanité. Ce grand imitateur de Céſar, dans les profuſions de ſes bienfaits n'a point oublié notre pauvre peuple juif, qui, depuis long-temps étoit dans l'oubli ; ſa bonté impériale a prononcé en faveur de ce peuple abandonné, des paroles douces & conſolantes ; il s'eſt montré comme un tendre pere vis-à-vis de ſes enfants, comme un ſage précepteur vis-à-vis de ſes éleves, & comme un gouverneur vigilant vis-à-vis de ſon peuple. Il lui a ouvert le vrai chemin de la vie ; &, en lui accordant la permiſſion de travailler à l'agriculture, d'exercer les arts & les métiers, & de faire toutes sortes de commerces dans tous les états de son empire, lui a donné le véritable moyen de subsister ; voyant aussi que notre peuple inculte ne connoissoit pas même sa langue nationale allemande, & que si quelqu'un la parle c'est sans regle & sans principes, par les raisons que nous avons dites ci-dessus, & qu'à cause de cela ils ne savent parler ni avec les habitants du pays, ni avec les seigneurs, & qu'ils ne comprennent rien dans aucun livre, ni dans l'histoire, ni dans les loix, ni dans la physique, ni dans les mathématiques, &c. Sa Majesté impériale leur en a tracé la véritable route, en ordonnant en leur faveur, d'établir des colléges & des écoles publiques, & de composer des livres de morale, afin d'instruire nos enfants dans l'écriture & dans la lecture allemande, & afin de former le cœur de nos jeunes Israélites dans les bonnes mœurs, & de les habituer dans l'usage du monde.

A l'égard des autres ſciences, comme l'arithmétique, la géographie, la géométrie, l'aſtronomie, l'hiſtoire, &c. nos jeunes Iſraélites pourront les apprendre dans les livres des langues vulgaires que l'on trouvera dans le pays, & les étudier dans les colléges où les jeunes gens du pays s'en inſtruiſent; parce que dans toutes ces ſciences il n'y a rien qui regarde les religions ni les différentes croyances, elles ſont égales à tous les hommes; & leurs connoiſſances ſeront d'une grande utilité pour rétablir la maiſon d'Iſraël ébranlée, & pour réparer la brêche que les anciens peuples tyrans & barbares, dont nous avons parlé ci-deſſus (chap. 3.) lui ont faites. Par ces mêmes connoiſſances nous pourrons être utiles à l'état & à la ſociété, & nous pourrons être mis dans le nombre des hommes vertueux. Heureux ce prince magnanime, qui a été doué de ces maximes ſublimes; c'eſt lui-même que l'Etre ſuprême a élu pour faire le bien des hommes ; pour servir d'instrument à sa divine sagesse, & pour opérer par sa voie le salut du monde. On peut dire, à juste titre, de cet incomparable monarque, *plusieurs princes ont fait de grandes choses, mais Joseph II les a surpassés.* L'homme véritablement vaillant, est celui qui sait gouverner son esprit, & qui sait en écarter toutes les imaginations qui l'enorgueillissent, & qui veulent le rendre au-dessus de tous les hommes ; imaginations dont plusieurs autres siecles ont profité pour les rendre tyrans, & que grand nombre de personnes tiennent encore enracinées dans leur cœur (1). Mais notre sage Empereur, par son esprit bienfaisant & par sa saine intelligence, les a domptées en faisant éclater dans tout son empire ses loix sages & sa justice équitable ;

(1) Nous n'avons que trop de preuves de cette malheureuse vérité.

afin de réconcilier tous les esprits, & rétablir la paix & la concorde dans toutes ses provinces. C'est pour lui que le roi savant a dit dans ses maximes (chap. 16, v. 32) : *Celui qui est lent à se mettre en colere, vaut mieux que l'homme vaillant ; & celui qui domine sur son esprit, vaut mieux que celui qui prend une ville.* Que le Tout-Puissant prenne en sa garde cet illustre Empereur, qu'il l'assiste, le protege, & le préserve de tout accident fâcheux. Que le modele admirable & édifiant que sa sagesse impériale a tracé, soit imité de toutes les puissances de la terre, afin d'établir la paix parmi tous les peuples de l'univers ; que la renommée de cet inimitable prince passe de siecle en siecle ; que toutes les nations le bénissent & publient sa félicité ; & que la récompense de ses bienfaits lui soit réservée éternellement dans le séjour paisible & délectable des saints & des bienheureux. *Amen.*

CHAPITRE V.

O Enfants d'Iſraël ! que pourrons-nous faire pour notre ſouverain, en reconnoiſſance de tant de bienfaits dont il nous a comblés ? Que pourrons-nous donner à ce grand monarque ? Un hommage pieux & reconnoiſſant ; en adreſſant inſtamment & tous les jours de notre vie, de ferventes prieres au Dieu d'Abraham, d'Iſaac & de Jacob, pour la conſervation de ſon auguſte perſonne, & la tranquillité de ſon empire ; & en exécutant de point en point ſes volontés telles qu'il nous les a preſcrites ; parce qu'en nous permettant d'acquérir des biens-fonds & des terres, de les labourer nous-mêmes, de trafiquer & de commercer avec la même aiſance & la même facilité que tous ſes autres ſujets, d'exercer ſans diſtinction toutes ſortes d'arts & de métiers, il n'a cherché que notre propre bien. Il sera aussi très-convenable que dès que le Seigneur aura béni nos entreprises & augmenté nos fortunes, que nous écartions, en traitant de quelques affaires avec les habitants du pays, avec les grands, ou avec les princes & seigneurs, cet air de timidité, d'humiliation & d'abattement d'esprit que nous avions ci-devant, lorsque nous nous présentions vis-à-vis de quelques personnes du pays, soit en parlant avec eux, soit en nous annonçant; qu'à l'avenir nous nous exprimions honnêtement, avec esprit & avec grace, que nous ne négligions point de faire apprendre à nos enfants la langue du pays dans toutes ses regles, de leur donner toute l'éducation nécessaire à un bon Citoyen, & de les instruire dans les arts & dans les sciences, afin que lorsqu'ils s'introduiront chez les princes ou seigneurs, ils soient en état, si l'occasion se présente, de parler avec eux de la guerre, de l'histoire, de la géographie, de la navigation, de la physique, des mathématiques, &c. & qu'ils ne se présentent point comme des stupides & des abrutis ; & en outre de toutes ces connoissances dont nous venons de parler, il est de toute nécessité qu'ils s'instruisent des loix divines & de tous leurs statuts que notre peuple journellement médite, & auxquels il est inviolablement attaché. Jusqu'à présent, n'ayant fait aucun cas de la langue nationale, & ne la sachant point parler avec cette même pureté & cette même élégance que les habitants du pays & les savants la parlent, & ayant négligé aussi la grammaire de la langue sainte, les regles de son éloquence, & sa logique, nos enfants & même leurs maîtres n'ont point su très-souvent comprendre comme il faut les différents passages de l'Ecriture-sainte & le véritable sens des écrits prophétiques, par le moyen desquels on atteint à ce but

& à ce bien desiré, par ceux qui les étudient avec attention & connoissance: ce même bien, non-seulement met l'ame dans le chemin de la vie éternelle, il façonne aussi l'esprit & lui donne la facilité de connoître la discipline & la morale, de se bien conduire dans toutes ses voies, d'être heureux dans l'acquisition des biens temporels, & d'être agréable aux yeux de Dieu & des hommes. C'est pourquoi, lorsque le célebre philosophe Rabbin Moïse Mendelson, a vu la nécessité de toutes ces choses, il a traduit la sainte Bible en langue Allemande, avec cette pureté de style & cette élégance qui lui sont communes, & qu'il possede supérieurement. Il a rendu un grand service à sa Nation par cet ouvrage, dont nous parlerons encore dans le chap. 6.

Les arts & les sciences non-seulement servent d'ornement à ceux qui les possédent, & qui les rendent utiles à leur Roi & à leur patrie, mais ils sont très-nécessaires pour établir les fondemens de la croyance, pour enraciner la crainte du Seigneur & son amour dans le cœur des hommes, & pour admirer la puissance de Dieu & ses ouvrages magnifiques. Il est très-nécessaire aussi que les écoliers & ceux qui aiment à s'instruire, connoissent la chronologie & l'histoire des différens peuples de la terre, afin qu'ils sachent comment les sciences des anciens ont passé jusqu'à nous, qui sont ces hommes qui ont régné dans tous les siécles depuis le commencement du monde, comment les Royaumes se sont établis, quelles sont les Nations qui, jusqu'à nos jours, se sont succédées les unes aux autres, quels ont été leurs usages, leurs loix & leur industrie, parce que toutes ces connoissances sont utiles, & aident à comprendre les faits qui sont rapportés dans l'Ecriture-sainte, & à connoître la division de la terre parmi les enfans de Noé, les noms des Provinces que les anciennes familles ont peuplées, l'histoire de Nembrod, des Assyriens, des guerres que les Rois de la Pentapole ont fait contre ceux de Perse, de Sanahar, du Pont & des Nations, les noms des différentes Provinces qu'ils ont subjuguées, ceux que l'on donnoit à toutes les villes & les Provinces de ce tems-là, l'histoire des Rois & des Prophétes des Livres sacrés, parce que ceux qui ne sont point instruits de toutes ces histoires anciennes, regardent toutes les choses qu'elles renferment comme des énigmes dont on ne connoît point l'explication, & ils n'y trouvent aucune satisfaction. Elles aident cependant à inspirer l'amour de Dieu dans le cœur des hommes, & sa divine crainte. Dès que l'on connoîtra les usages des anciens peuples, & comment ils se sont écartés si promptement de la loi de l'homme, on comprendra facilement pourquoi l'Être suprême ne les a point préférés, & pourquoi sa divine sagesse a choisi son serviteur Abraham seulement parmi tous ces peuples idolâtres, & a contracté alliance avec lui & avec ses descendans après lui ; on connoîtra que le Seigneur ne leur a donné sa loi & ses commandemens, que pour les distinguer de ces Nations pernicieuses dont le culte est abominable, & on verra que tout ce qui est dit dans l'Ecriture-sainte est véritable, qu'il est très-utile de s'en instruire, & qu'elle redresse le cœur de l'écolier; elle l'habitue à penser honnêtement, à juger savamment des choses, à ne point avoir de vaines imaginations, à ne point croire aux fables des vieilles femmes insensées, aux histoires mensongeres & hyperboliques des faiseurs de contes. La connoissance de l'histoire, en général, éleve l'esprit de l'homme, elle le met au-dessus du peuple vulgaire, & de ces hommes insensés & stupides, qui dorment même en veillant ; en la lisant, on voit ce que les hommes ont fait dans tous les tems, leurs intrigues, leurs mœurs, & leur façon de penser ; on connoît le bien & le mal que leurs bons ou mauvais conseils ont opéré ; comment les Royaumes entiers ont prospéré ou décliné, comment la réputation des grands hommes s'est faite, & comment tant d'hommes célèbres & illustres ont péri injustement, & tant d'autres fourbes & méchans ont prospéré. La connoissance de la géographie dans toutes ses parties, instruit l'homme à connoître les limites de chaque Province, comment elles sont voisines les unes des autres, combien elles ont de degrés de longitude & de latitude, l'endroit des différentes mers & des différens fleuves, &c. Elle est, de même que l'histoire, nécessaire pour l'intelligence de l'Ecriture-sainte, lorsqu'elle fait mention des villes & Provinces que les enfans de Noé ont subjuguées, & des voyages des Patriarches, des stations des Israélites dans le désert, des limites & du partage de la Terre sainte par Josué, &c., des noms des mers, des fleuves, des rivieres & des lacs dont il est parlé dans la Géographie ſacrée, qui, aux yeux de ceux qui l'ignorent, ſemble que tout ce qu'elle contient eſt étrange & ſurprenant; au lieu que ceux qui la connoiſſent, comprennent que tout y eſt véritable, tel qu'on le voit par ces lieux qui exiſtent encore. Dans cette ſcience on doit y comprendre auſſi la connoiſſance des différens Peuples qui habitent les quatre Parties du monde, celles de leurs mœurs, de leurs talens & de leur croyance, par le moyen de laquelle nous pouvons, avec facilité, en nous introduiſant chez les grands & ſeigneurs du pays, les informer des différens commerces des Peuples de la terre.

Il n'eſt pas néceſſaire de parler de la Phyſique, qui eſt la connoiſſance des animaux, des végétaux, des minéraux & des élémens, ni des Mathématiques, qui eſt la connoiſſance de l'Arithmétique, de la Géométrie, de l'Aſtronomie, &c.; car elles ſont attachées aux inſtitutions légales, comme celles des mélanges d'animaux & des plantes ; celles de la connoiſſance des bêtes pour diſtinguer lorſqu'elles ſont défendues ou permiſes, & celles de la célébration des fêtes & des jours ſolemnels, &c. Dans l'Ecriture-ſainte, il eſt dit de ceux qui ignorent ces ſciences : *Ils n'ont point vu les ouvrages du Seigneur, & ils n'ont point fait attention à ſes divines merveilles.* Et pour ceux, au contraire, qui en ſont inſtruits, il eſt dit : *lorſque l'homme aura compris, il aura la crainte du Seigneur ;* parce que l'homme, par le moyen de ces inſtructions, comprend la grandeur de ſon Créateur, ſa magnifi-ficence & ſon exaltation ; il glorifie ſon ſaint nom, il le bénit dans ſon cœur, & il le craint. Il eſt inutile de parler davantage ſur ces choſes-là, les Auteurs, tant anciens que modernes, en ont dit aſſez. Réjouiſſons-nous de ce que Sa Majeſté Impériale nous a preſcrit par ſes bontés, l'étude & l'inſtruction de toutes ces connoiſſances, & prêtons-nous de tout notre cœur à l'exécution de ces choses si utiles & si convenables ; car elles ont été assurément dictées par le véritable ami & chéri de Dieu.

CHAPITRE VI.

NOTRE peuple Juif, outre les choses dont nous venons de parler, doit absolument composer pour l'usage de nos écoles de nouveaux livres sur la croyance & sur les sciences. La sagesse de l'Empereur l'ayant prévu, a ordonné que l'on compose parmi nous, selon la saine & bonne philosophie, des nouveaux livres de morale & de discipline, afin que nos jeunes gens s'instruisent des sciences & de la morale. Quand notre peuple aura fait attention que les lumieres de tous ceux qui ont composé des livres de discipline jusqu'à présent, seront éclipsées devant l'éclatante lumiere qui percera à travers les rayons de la loi divine, il connoîtra qu'elle est utile aux savants, & qu'elle fait beaucoup de progrès auprès de ceux qui cherchent à puiser les sciences & la bonne discipline dans leur source primitive, & dans le fond de l'éloquence de l'Ecriture-sainte, & que cette même lumiere ne peut pas faire le même progrès auprès des écoliers & des commençants; n'étant point là l'ouvrage d'un commençant, mais d'un homme savant qui aura fait toutes ses études, parce qu'elle demande beaucoup d'intelligence & de pénétration. Il est donc à propos que l'on commence à composer d'abord un livre sur la croyance, que tous les Israélites doivent suivre; que ce livre soit écrit dans un style clair & net; que l'auteur dans sa méthode étudie la portée de l'esprit & du jugement de l'enfant, qu'il appuie ses raisonnements sur l'Ecriture-sainte; qu'il détaille clairement tous les articles, & qu'il les explique selon l'esprit de la loi; afin que tous les Iſraélites puiſſent s'inſtruire également & dans une même méthode, des articles de la croyance & de toutes ſes particularités, & qu'ils connoiſſent la droiture & la vérité des choſes. Au moins lorſqu'ils auront atteint l'âge de raiſon, s'ils n'ont point fait de progrès dans les ſciences Rabbiniques ou dans le Talmud, ils ſauront ce qu'il eſt eſſentiel & néceſſaire de ſavoir pour pouvoir ſe conduire ſagement & honnêtement dans la vie de ce monde, & acquérir les biens de la vie éternelle. Il eſt à propos auſſi de compoſer enſuite des livres de ſcience & de morale pour les colleges & les claſſes, afin que nos écoliers apprennent les loix civiles & politiques qui ſont compriſes dans la loi de l'homme, & qui en partie ſont liées avec la loi de Dieu & ſes commandements; & afin qu'ils s'inſtruiſent des facultés de l'ame & de ſes connoiſſances, par le moyen deſquelles elle agit dans toutes ses opérations, & des vertus qui y sont attachées, comme la sagesse & la folie, la fidélité & la perfidie, la joie & la tristesse, l'amour & la haine, la libéralité & l'avarice, &c. Et comme les vertus morales de cette nature sont liées à-peu-près avec les commandements de Dieu & avec la morale des prophetes sacrés; comme dans les livres de Moïse : *Tu ne te vengeras point, tu ne garderas point la haine, tu ne haïras point ton prochain dans ton cœur, tu ne convoiteras point le bien de ton prochain, tu aimeras ton prochain comme toi-même, &c.* Et dans les écrits prophétiques, comme : *L'abomination du Seigneur est dans ceux qui ont le cœur pervers, & dans ceux qui sont enflés d'orgueil, &c.* Il faut que ces livres soient composés conformes à la loi de Dieu, sur un bon ordre, & expliqués dans un sens convenable, afin que les choses qu'ils contiendront pénétrent dans l'esprit de leurs auditeurs, & qu'en ouvrant leur cœur elles produisent des effets justes & équitables; qu'elles les rendent savants & bons envers Dieu & les hommes; comme le roi savant a dit dans ses maximes (chap. 1, v. 3) : *Afin de recevoir par ces maximes une instruction sensée, équitable, judicieuse & pleine de droitures.* Parce que lorsque l'on comprend les instructions de la loi divine, & qu'on y fait attention comme il faut, on connoît qu'elles sont toutes pleines de justice, d'équité & de droiture; qu'elles sont douces & agréables, & qu'elles sont admises de tous les hommes sensés. A Dieu ne plaise qu'elles fussent contraires au bon sens, & opposées aux maximes savantes de tous les peuples instruits, ou qu'elles occasionnassent le moindre soupçon désavantageux & contraire à la bonne morale, & que l'on puisse dire que l'imposition d'une telle loi ou d'un tel commandement ont été la cause d'un tel ou d'un tel obstacle. Non, la loi divine, ni même celle des Talmudistes, ou des auteurs de la tradition, lorsqu'elles sont bien comprises & entendues, ne peuvent former aucun obstacle, ni enseigner aucun faux principe. La preuve de cela est le sujet de l'usure ou de l'intérêt dont il est parlé dans les livres de Moïse, & que tant de personnes ont mal interprêté (1). Dans le passage du Deutéronome, (chap. 23. v. 21.) est dit : *Tu prendras intérêt de l'étranger, & tu ne le prendras point de ton frere.* L'intention de la loi est que lorsqu'un Israélite prêtera de l'argent à un étranger, il lui sera permis de prendre l'intérêt autorisé par le Prince, & que l'on est en usage de prendre l'un de l'autre, qui est de quatre ou cinq pour cent; s'il en prend davantage de

(1) Cette vérité a été plus amplement prouvée par le S. J. B. Bing, Juif de Metz, dans sa lettre à l'Auteur anonyme d'un Libelle contre les Juifs.

ce qui est établi dans le pays, c'est un tort qu'il fait au prochain ; mais d'un autre Israélite, il est défendu de prendre un seul pour cent d'intérêt. La loi du Prince en cela est tout-à-fait conforme à celle de Dieu, qui est beaucoup au-dessus du savoir de l'homme ; parmi le nombre des bonnes maximes pour lesquelles le roi David a dit : que celui qui les suivra, ne sera point ébranlé, celle de ne point prêter son argent à intérêt en est une. (*Ps.* 15. v. 5.) Et dans le Talmud, traité de *Maccot*, (p. 24. col. 1.) est dit : *Même l'intérêt d'un étranger* ; c'est-à-dire que celui qui prêtera de l'argent à un étranger, ne devra point prendre d'intérêt. Mais cette maxime est au-dessus de l'honnêteté, & fait plus de ce que la loi permet de faire, & ainsi de plusieurs autres. Les matieres que ces Livres de science & de morale contiendront, doivent être divisées & écrites dans un ordre méthodique & convenable, afin d'en faciliter l'étude aux écoliers qui s'en serviront; on doit y expliquer d'abord l'obligation que l'homme doit avoir envers Dieu, comme l'amour, la crainte, l'imitation des divines voies, la sincérité du cœur, la pureté des pensées, &c. L'obligation que l'homme doit avoir envers son Roi, ses Princes, ses Juges & ses Magistrats; & celle enfin qu'il doit avoir envers tous les hommes. Ces livres doivent suivre en tout la morale de l'Ecriture-sainte, & porter des preuves des livres de Moïse, de ceux des Prophétes & de ceux de nos Rabbins de glorieuse mémoire. Ils doivent être d'abord écrits en Langue Hébraïque, dans un style clair, pur & facile, & traduits ensuite en langue Allemande par des personnes qui en sont instruites, & qui la parlent avec pureté & élégance. Par le moyen de cette traduction, dont le maître se servira pour expliquer l'Ecriture-sainte, les écoliers profiteront à la fois des deux langues; ils apprendront la langue sainte

& la langue Allemande. Il est aussi de toute nécessité que ces livres soient composés en langue Hébraïque, afin que nos jeunes gens l'apprennent dans toutes ses régles & dans toute sa pureté; qu'ils en comprennent toutes les étymologies, toutes les régles de la prosodie, la différence des racines, celles qui sont synonymes, & celles qui sont à-peu-près d'une même signification, pour qu'ils entendent avec justesse la loi de Dieu & ses statuts, & pour qu'ils comprennent, après qu'ils auront fait des progrès dans les études de l'Ecriture-sainte, les écrits des Rabbins & des Talmudistes. Lorsque les écoliers auront puisé toutes ces connoissances & les véritables sens de la source, de l'élégance & de la pureté de la langue sainte, laquelle servira de tout tems d'une grande utilité, même à ceux qui n'auront point fait assez de progrès dans les études des Rabbins & du Talmud, ils seront au moins, après qu'ils auront quitté les écoles, s'ils sont ouvriers ou marchands ; en état de favoir lire l'Ecriture-sainte correctement, d'en comprendre le véritable sens, d'entendre les prieres & les livres de morale, &c. Et par la connoissance aussi qu'ils auront acquise de la langue nationale, ils pourront lire & comprendre les livres d'histoire & de voyages, & s'instruire dans les livres de commerce & de banque, qui sont des livres très-excellens pour le besoin des hommes, pour connoître les différentes branches de commerce, leurs usages, & la maniere de commercer avec les différens Peuples de la terre.

CHAPITRE VII.

DANS ces circonstances favorables, l'excellente traduction de la Bible qui vient de paroître, par le célebre philosophe Rabbin Moïse Mendelson, en langue Allemande, est bien à propos,

& il en résultera un grand bien pour notre peuple, comme nous venons de le dire dans le Chapitre ci-dessus, dès que les maîtres auront fait expliquer la Bible à ses écoliers par cette nouvelle traduction qui est écrite dans un langage pur & net, parce que par ce moyen les écoliers, dès leur enfance, s'habitueront à parler la langue du pays dans sa pureté, & ils comprendront le sens de l'Ecriture-sainte comme il faut, ces mêmes maîtres ayant été jusqu'à présent comme des begues qui ne savent parler aucune langue distinctement; de sorte qu'il leur étoit impossible de pouvoir expliquer, en bon Allemand, à leurs disciples la phrase Hébraïque de la Bible, pour qu'ils pussent la comprendre; car pour expliquer à un autre une phrase d'une langue qu'il ne connoît pas dans celle qu'il connoît, il faut que tous les deux connoissent la langue dans laquelle la phrase doit être expliquée, & que tous les deux la sachent parler purement; alors le ſens de la phraſe expliquée pénetre l'eſprit de l'écolier, ce qui ne peut pas arriver ſi le maître & l'écolier ſont tous les deux ignorants dans la même langue, l'un n'ayant point de termes propres pour ſavoir expliquer à l'autre le mot qu'il ne connoît pas. La plupart des termes dont il ſe ſert étant corrompus & barbares, fait que l'écolier s'habitue inſenſiblement à s'en ſervir, tous les deux prennent des peines inutiles; ils donnent des contre-ſens aux mots, & défigurent entiérement les paroles ſaintes, ces paroles que l'Etre ſuprême a tracées avec le burin de ſa ſageſſe infinie. Nos maîtres ne connoiſſant point la grammaire, la beauté & l'élégance de la langue ſainte, inſinuent aux écoliers des erreurs & des barbariſmes ſi grands, qu'ils reſtent gravés dans leur cœur & dans leur mémoire. Or, par le moyen de cette Bible nouvellement traduite dont nous venons de parler,

tous

tous les écoliers apprendront à expliquer l'Ecriture-ſainte de la même maniere ; ils apprendront la grammaire Hébraïque dans toutes les regles, & ils s'énonceront tous avec pureté & élégance.

Ces mêmes maîtres, juſqu'aujourd'hui n'ayant non plus poſſédé la langue Allemande comme il faut, & ayant expliqué les mots Hébreux que les écoliers ne connoiſſoient point, par des mots Allemands barbares & défigurés, ils ont ôté tout le goût de ces beaux cantiques ſpirituels & de ces ſaintes oraiſons, & ils les ont tellement défigurés, qu'on les a regardés comme des cantiques inſipides & ennuyeux. La plupart de nos jeunes gens qui n'ont point fait de progrès dans les études ſacrées, écoutant quelquefois, après avoir quitté les écoles & entré dans le commerce, les diſcours pernicieux de cette claſſe d'incrédules, de ces eſprits forts, de ces railleurs de religions, de ces rébelles de l'Ecriture sainte, qui vomissent des horreurs contre les écrits sacrés, ils s'étonnent de la beauté & de l'élégance de leurs discours, de l'arrangement de leurs phrases, & du miel trompeur qui coule de leurs levres; ils jugent de la bonté & de la droiture des choses par l'élégance du style; comme ces insensés qui croient & décident aveuglément que ce qu'on dit est vrai, lorsqu'il est rendu avec grace & avec précision; parce que dans leurs écoles ils n'ont jamais entendu de discours si beaux ni des phrases si bien arrangées; ils décident par-là que dans les livres sacrés il n'y a ni ce goût, ni cette élévation, & que la langue sainte est privée de ces beautés & de cette élégance; & par ce moyen ils secouent le joug de la religion, pour suivre aveuglément des écrits mondains, dont l'agrément fait leur perte & leur ruine. Enfin, par le secours de cette nouvelle traduction Allemande de la

Bible, corrigée dans le ſtyle, & dépouillée de tous ces barbariſmes dont les précédentes étoient remplies, les écoliers entendront facilement la loi de Dieu dans un langage pur & net, les choſes qu'elle contient s'inſinueront dans leur eſprit; ils comprendront la pureté de la langue ſainte, ſa préciſion, ſes agréments, & la beauté de ſes phraſes; de ſorte que l'élégance des langues vulgaires ne les étonnera plus; dès qu'ils auront connu que celle de la langue ſainte la ſurpaſſe de beaucoup; que cette langue renferme dans peu de mots pluſieurs choſes très-profondes; que dans elle il n'y a rien d'inutile, comme on l'apperçoit ſouvent dans les autres langues vulgaires; que ceux qui auront fait quelques progrès dans la connoiſſance de ſes racines & dans leurs ſignifications propres, & qui auront fait attention comment chaque racine a été établie ſur l'exiſtence de la choſe même qu'elle indique, tel que nous avions commencé à le démontrer dans un petit traité que nous avons fait à ce ſujet, dont le titre eſt : *Gan-nahul*, ou *Jardin clos ;* dans d'autres livres auſſi de notre compoſition ſur ce même ſujet, & même dans un commentaire que nous avons fait ſur le Lévitique ou troiſieme livre de Moïſe, d'après l'excellente traduction du célebre Rabbin Moïſe Mendelſon, ci-deſſus mentionnée ; dès que ces écoliers, dis-je, auront fait quelque progrès, ils prendront plaiſir de plus en plus à approfondir la ſcience de la loi de Dieu, & à la fin ils deviendront ſavants.

Faites attention, mes freres, que cette impéritie de langage ne ſe trouve guere que parmi nos freres qui habitent le Pays Romain où l'on parle l'Allemand, parce que ceux qui ſont venus d'Eſpagne & de Portugal, parlent chez eux & dans leurs affaires domeſtiques, le langage de leur pays dans ſa pureté ; ceux qui habitent l'Italie, parlent l'Italien ; ceux d'Angleterre, l'Anglois ; de

France, le François (1); & ceux qui sont dans le Levant, parlent de même que les gens du pays, la langue Turque ou Arabe; ceux même qui d'entre nos freres habitent en Pologne, parlent la langue Polonoise telle que les gens du pays la parlent, excepté qu'ils ont conservé ce mauvais langage Allemand, dont ils se servent encore lorsqu'ils parlent entre eux, & dont ils n'ont point de honte; les gens du pays ne le parlent point du tout, parce que ces mêmes freres, lorsqu'ils vinrent habiter la Pologne, arrivoient des différens pays de l'Allemagne. Il n'y a donc que nous seuls Juifs Allemands, qui avons cette

(1) Nous ne méritons assurément pas cet éloge: jusqu'ici nous ne parlons en général, gueres mieux le Français que l'Allemand; mais dès que nous serons délivrés des angoisses de la persécution, dès que nous pourrons avoir un but quelconque dans la Société, nous acquerrons les connoissances nécessaires par l'étude & l'éducation que nous pourrons alors donner à nos enfans.

impéritie de langage, dont nous n'avons aucune excuse pour pouvoir nous en justifier ; nous habitons cependant parmi des peuples qui parlent la langue Allemande dans toute sa pureté, qui ont des hommes lettrés, des Écrivains & des excellens Poëtes ; c'est nous qui n'avons jamais voulu faire attention à l'apprendre, ni à en faire instruire nos enfans, nous les avons, au contraire, fait toujours instruire par des Rabbins Polonois, qui parlent un langage très-corrompu & impropre. Ce n'est pas-là cependant le sentiment de nos anciens savans ; car ils ont dit qu'on ne pouvoit point établir dans le *synhedre* ou Sénat, des membres qui ne fussent versés dans toutes les langues, afin de ne pas être obligés d'avoir d'interprètes, lorsque quelque étranger viendroit se présenter devant eux. Les gens du roi Ezéchias qui étoient tous des hommes justes & équitables, dirent au Général Assyrien, (Rabsaqués) *parle-nous Syriaque, car nous t'entendons*, *&c.* Or, si ces grands hommes de Jérusalem, qui parloient la langue sainte, & qui la connoissoient dans toute son étendue & dans toute sa perfection, apprenoient aussi la langue Syriaque, que devons-nous faire, nous, qu'à peine la connoissons-nous, qui ne nous reste de cette sainte langue que le seul vestige de la Bible, nous enfin qui sommes dispersés dans des Provinces où l'on parle Allemand, & qui sont soumises à des Puissances Allemandes? Pourquoi serons-nous devant tous ces Peuples comme des pies qui ne font que gazouiller, sans savoir ce qu'elles disent? La langue sainte est faite pour un sujet, & la langue Allemande l'est pour un autre. La premiere nous est utile & nécessaire pour la connoissance des livres sacrés, pour la croyance, & pour nous instruire de la loi de Dieu; & l'autre pour le commerce des hommes, pour la connoissance des choses terrestres, pour les différens usages de la société, & pour nous inſtruire des arts & des ſciences qui ſont compriſes dans la loi de l'homme.

Faites attention auſſi, mes freres, que lorſque quelqu'un de nos ſavans eſt interrogé par quelque ſavant, ou par quelque Seigneur étranger, ſur des matieres de croyance, ou qu'on lui demande quel eſt notre ſentiment là-deſſus, il ſe trouve très-embarraſſé, parce que voulant expliquer quelque paſſage ou quelque verſet de l'Ecriture-ſainte à ce ſujet, il ne ſait de quel terme ſe ſervir pour l'expliquer & pour ſe faire entendre, afin de pouvoir les ſatisfaire, & répondre à leurs queſtions; la ſcience alors de ce ſavant Iſraélite perd tout-à-fait ſon luſtre, & il eſt mépriſé, faute de ne ſavoir s'exprimer dans une autre langue. Le roi Pſalmiſte voyant l'obligation que les hommes ont eu de tout tems de s'inſtruire l'un l'autre de la gloire de Dieu & de ſa magnificence, afin d'établir leur raiſonnement ſur les fondemens de la vérité, a dit : *Racontez parmi les Nations la gloire du Seigneur*, &c. Les Royaumes de la plus grande partie de l'univers étant tous d'accord aujourd'hui sur la connoiſſance de Dieu, ſavent que cette connoiſſance de l'Être ſuprême eſt infiniment au-deſſus de celle de toutes les créatures de l'univers ; que ſa puiſſance & ſa gloire ſont ſans bornes ; qu'il ſonde les cœurs des hommes ; que tout eſt public & notoire devant ſa toute-puiſſance ; qu'il récompenſe les bons, & qu'il punit les méchans ; qu'il fait attention, & qu'il écoute en tout tems les prieres des mortels ; qu'il conduit l'univers avec juſtice ; que ſes voies ſont pures & ſaintes ; qu'il eſt clément, compatiſſant, lent à ſe mettre en colere, & plein de miſéricordes, &c. Connoiſſances fondamentales, dont la ſource eſt la loi de Moïſe, & dont toutes les différentes religions conviennent, étant toutes puiſées dans la loi de Dieu, & émanées de ſa ſageſſe infinie ; nous pouvons donc nous en entretenir réciproquement avec toutes les croyances de la terre, sans qu'il soit nécessaire de toucher au point qui nous divise les uns des autres ; point où chacun croit à la religion qu'il tient de ses parens. Ce n'est pas-là l'affaire des hommes, ni même il n'est pas convenable que celui qui est d'une croyance, haïsse dans son cœur celui qui n'en est pas, & qu'il lui cherche continuellement querelle sur cela. Il sera à propos de parler plus amplement de cela dans les livres de morale dont nous parlerons au Chapitre 8. ci-après. La privation que l'on a de la connoissance d'une langue, est la cause que l'on se sépare l'un de l'autre sans rien dire. N'avons-nous pas eu des savans, des hommes pieux, des chefs du Peuple Juif, qui ont composé plusieurs livres de science & de morale en langue Arabe, comme le livre de *Hobathalebabot*, *l'obligation des cœurs*, du Rabbin Babyé le vieux, de glorieuse mémoire ; le livre *Moré Nebouchin*, ou *le Directeur des doutes*, & le Commentaire sur la Misna, par le savant Rabbi Moïse d'Egypte, surnommé le Maïmonides? N'avons-nous pas plusieurs excellens ouvrages que nos freres les Juifs Espagnols, ont composés dans leur langue ? Pourquoi la langue Allemande aura-t-elle moins de mérite en cela que les autres ?

Dès que nos écoliers, par le moyen d'une traduction claire & exacte comme celle dont nous venons de parler, auront appris l'explication de la Bible, & des maîtres qui seront habiles dans la langue Allemande, ils sauront, étant à l'école, la langue Allemande avec plus de pureté, & par ce même moyen ils auront la facilité par la suite de s'y perfectionner de plus en plus ; lorsqu'ils auront quitté les écoles, ils seront en état de parler de la loi avec les personnes de distinction, de leur expliquer, d'une maniere claire & intelligible, les verſets qu'ils deſireront ſavoir, telle qu'ils l'auront appriſe de leurs maîtres ; parce que cette façon de parler leur ſera commune & habituelle dès leur jeuneſſe. Les écoliers auſſi qui, par cette même traduction, auront appris à parler correctement, prendront garde aux fautes du langage, ils connoîtront combien eſt utile le bon raiſonnement, & l'effet qu'il produit dans l'eſprit de celui qui l'entend. C'eſt par le raiſonnement que l'on connoît la juſteſſe d'eſprit de celui qui le conduit. Une même choſe rapportée par trois perſonnes, eſt énoncée dans trois ſtyles différents. Celui qui eſt le plus concis & le plus épuré, eſt le mieux reçu, & il opere un meilleur effet de la part de celui qui l'entend. Dans ce genre-là ſont les poéſies ſublimes & admirables dont la beauté eſt au-deſſus de toutes les proſes les plus harmonieuſes (1);

(1) L'Auteur vient de mettre au jour un

parce qu'un ouvrage de poésie bien mesuré, & fait dans toutes les regles, attendrit l'ame & la réveille de son assoupissement hypocondrique. Il est inutile de nous entretenir davantage sur ce genre de littérature, il est tout-à-fait étranger à ceux d'entre nos fréres qui n'ont été élevés que dans le jargonisme, qui n'ont point connu l'élévation & la beauté de la langue sainte, & qui n'ont jamais fait attention pourquoi dans les livres sacrés, il y a tant d'ouvrages de morale & d'érudition faits en poésie & dans un style élevé & énergique, tels que les livres des Pseaumes, des Proverbes, de Job, de

Ouvrage intitulé : *Schic Tifférés*, ou *Cantique Sublime*, qui est la Bible sainte en Poésie ; c'est véritablement un chef-d'œuvre. Le célèbre Hoffmagle, Professeur à Guetteing, en vient d'entreprendre la traduction en Allemand, laquelle traduction doit paroître sous peu, & qu'on attend dans toute l'Allemagne avec impatience.

Cantique des cantiques; la plus grande partie des écrits prophétiques d'Isaïe, de Jéremie, d'Ezéchiel, les cantiques de Débora, de David, la priere de Hanna, presque tous les livres des petits Prophetes. Dans les livres même de Moïse il y a des cantiques merveilleux, des proses sublimes & cadencées; comme les deux cantiques de Moïse, celui du puits de Margam & les prophéties de Balaham. Combien ces écrits poétiques sont élevés & sublimes! Combien l'ame pure & éclairée voit dans ces divins écrits l'ouvrage d'un Dieu! Cependant la plus grande partie de nos freres n'y ont jamais fait attention. On a fait de tout temps, même parmi les royaumes des siecles les plus reculés, un grand cas de ces hommes célebres qui se sont distingués dans les arts & les sciences, & particulierement dans l'art poétique; parce que cet art merveilleux donne à l'ame un degré de perfection. Pourquoi n'avons-nous pas vu naître dans plusieurs siecles passés de bons poëtes en Allemagne & en Pologne? Parce qu'ils n'avoient point de maîtres ou de professeurs pour les instruire dans cet art, comme nous les avons eu, tel qu'on le voit par nos livres sacrés, dont la plupart sont écrits dans ce style admirable. Il est certain que cette maniere d'écrire est utile & très-avantageuse, puisque les rois, les prophetes & les grands hommes des livres saints l'ont souvent préférée; les poëtes mêmes les plus célebres des autres nations avouent, que dans tous les écrits poétiques les plus sublimes des anciens, il n'y en a pas un seul qui égale en beauté ni en énergie ceux de l'Ecriture-sainte; ceux même d'Homere, de Pindare, d'Horace, &c. ne peuvent pas les approcher. Pourquoi donc les avons-nous abandonnés? Pourquoi n'avons-nous pas suivi la trace de nos anciens? Parce que dès notre enfance & depuis long-temps, nous n'avons eu que des maîtres & des précepteurs ignorants, qui nous ont appris toujours un langage populaire & barbare, sans regle & sans principes; nous n'avons jamais su, comme les savants des autres nations & leurs éleves, ce que c'est que la beauté ou l'élégance d'une langue; ils n'ont jamais ouvert notre entendement pour nous faire comprendre la magnificence de l'ame & sa dignité, ni les graces de la parole dont Dieu nous a favorisé, afin de mettre le sceau aux dispositions de notre esprit par les paroles que notre bouche exprime; étant cette même parole l'ambassadeur des pensées de notre ame & le ressort de son investigation; car il est impossible qu'elle puisse s'acquitter comme il faut de sa commission, si elle ne se dégage entierement de ces expressions vicieuses, & si elle ne cherche point à s'insinuer avec élégance & beauté dans l'ouïe de ceux qui l'écoutent. Il est très-essentiel & de toute necessité que celui qui veut apprendre une langue l'apprenne de ceux qui sont savants dans cette même langue; sans cela auroit-il les plus belles imaginations & les plus brillantes pensées du monde, qu'il lui seroit impossible de le manifester; elles resteroient ensevelies dans le fond de son ame, & ce feu divin s'étoufferoit dans lui-même; parce que le seul souffle qui sortiroit de sa bouche ne suffiroit pas pour allumer le feu qui est dans le cœur d'une autre personne, & même on ne peut ni jouir de sa lumiere, ni s'échauffer de son feu. Il y a néanmoins encore l'espoir d'y remédier, si les écoliers dès à présent commençoient à s'instruire de la langue sainte selon les principes de la grammaire, s'ils apprenoient aux écoles à traduire l'Hébreu de la Bible, suivant la nouvelle traduction dont nous avons parlé, & où les écrits poétiques de l'Ecriture-sainte ont été traduits aussi en poésie Allemande, & si les maîtres enseignoient aux écoliers ce qu'il faut qu'un poëte sache pour rendre la poésie harmonieuse aux oreilles de ceux qui l'écoutent, afin que par ses mots, par ses figures & par ses exemples, elle excite les dispositions de l'ame; alors ces mêmes ames des écoliers se réveilleroient de leur assoupissement; plusieurs d'entr'eux en ressentiroient les effets, ils apprendroient ses regles, & une partie atteignant à son but, deviendroit poëte & homme de lettres.

CHAPITRE VIII.

LE petit détail des objets que nous avons donné jusqu'à présent, & plusieurs autres choses que notre esprit ne nous a point suggérées, la sagesse impériale les a toutes prévues; il a renfermé en peu de mots dans l'Edit qui est émané de sa bienfaisance toutes ces choses;

il a ordonné à notre Peuple de dresser des Ecoles, afin que nos enfans apprennent la langue Allemande dans toutes ses régles. Or, tout homme sensé parmi nous, se réjouira d'entendre un Edit de cette nature, & il connoîtra le bien qui en résultera pour nos enfans à venir. Maintenant, mes freres & mes maîtres, c'est à vous de vous hâter, & de tenir la main à cette bonne œuvre, d'établir des Colléges, & de leur donner tout l'ordre nécessaire à ce sujet; car, par leur moyen, nous avons espoir encore d'atteindre à cette fin précieuse & desirée pour le bonheur de nos enfans; comme nous l'avons dit ci-dessus. Tout ce qui, dès le commencement, est établi avec sagesse & avec justice, il est facile par la suite, de l'aggrandir & de l'amplifier, & de le rendre salutaire à tous les siécles à venir. Il est vrai que tous les commencemens sont difficiles; & encore plus sur ce que nous venons de dire, de faire fleurir dans notre Peuple des choſes nouvelles, dans leſquelles il n'a été habitué, ni lui, ni ſes peres, ni les peres de ſes peres, depuis pluſieurs ſiécles. Mais vous qui êtes de hommes célébres & éclairés, ne perdez point courage, ne vous affoibliſſez point; vous ſerez récompenſés des travaux que vous ferez, & des peines religieuſes que vous prendrez; vous ne ferez que renouveller les bons uſages que nous avions dans l'ancien tems, & que nous n'avons oubliés, comme nous l'avons dit ci-deſſus, Chap. 3. qu'à cauſe de nos perſécuteurs. Mettez-y donc toute votre attention, & diſpoſez toutes les choſes dans un bon ordre : il eſt vrai qu'il faut une grande prévoyance & un grand ſoin pour commencer l'entrepriſe. Il faut d'abord des maîtres & des précepteurs intelligens & craignant Dieu, des hommes habiles dans les langues ſaintes & Allemandes, qui en connoiſſent les principes, afin que nos jeunes gens, dès leur enfance, apprennent à lire & à comprendre les deux langues avec pureté & le vrai ſens de la loi de Dieu. Nous avons déjà dit ci-deſſus, que nous n'avons, pour cela, rien de plus à propos & de plus convenable, que la nouvelle traduction Allemande de la Bible que le ſavant Moïſe Mendelſon a faite dans un langage pur, d'après le ſens littéral des verſets, & l'explication de nos Commentateurs les plus accrédités parmi nous.

Si dans vos contrées on ne trouve point dans ce moment-ci des hommes aſſez intelligens dans les deux langues, vous devez les chercher parmi tous nos Iſraélites, & les faire venir des autres ays, parce que dans l'eſpace de trois ans, leurs talens regorgeront dans nos aſſemblées, pluſieurs de nos enfans ſeront en état d'enſeigner ces langues, & ſerviront de ſecours à nos freres, à cauſe qu'ils s'encourageront & s'efforceront de les bien apprendre de ces maîtres qui viendront chez nous. Le savoir augmentera & se répandra dans le public avec profusion. Il en arrivera de même des autres arts & sciences, lorsque les écoliers studieux voudront, dans leurs écoles, les apprendre, en s'appliquant chacun à la science pour laquelle il aura plus de goût. L'un fera des progrès dans l'une & l'autre; de sorte qu'au bout de quelques années, eux-mêmes deviendront des maîtres & des précepteurs dans les autres assemblées de nos Israélites.

Il faudra faire de même, lorsqu'il sera nécessaire de composer des livres sur la morale & sur la croyance, s'il se trouve parmi nous des hommes assez savants & habiles pour les composer bons, sinon comme ces sortes de livres sont très-difficiles à rendre méthodiques, & à mettre à la portée des enfants & selon les maximes & regles de notre sainte loi, qu'ils soient agréés des princes & seigneurs du pays, qu'ils n'y trouvent rien de contraire à leur politique ; qu'ils ſoient écrits dans un ſtyle pur, & faciles de les traduire en Allemand, ſinon, dis-je, vous devez les chercher dans les autres communautés de nos Juifs ; le peuple d'Iſraël n'eſt pas dépourvu tout-à-fait d'hommes inſtruits ; il y a eu dans tous les ſiecles des hommes lettrés & capables de diriger toutes les choſes avec juſteſſe. Ces mêmes hommes compoſeront une partie de ces livres-là lorſque l'occaſion ſe préſentera ; nous devons maintenant commencer par l'étude de la ſainte Bible, ſelon la nouvelle traduction dont nous avons parlé, & par bien apprendre les deux langues ; dès que nos écoliers ſeront avec le temps en état d'écrire ſur les ſciences & ſur la morale, nous aurons parmi nous de bons artiſtes & des perſonnes habiles dans tous les genres.

Vous aurez auſſi le ſoin de former différentes claſſes pour les écoliers, afin que ceux qui ſeront de celle de la lecture & de la grammaire, n'interrompent point ceux de l'étude de la ſainte loi, de la croyance, ou des autres parties de la morale, juſqu'à ce que le profeſſeur, après les avoir examinés, juge à propos de les faire paſſer dans une autre claſſe. Ceux auſſi qui ſeront dans cette derniere ne paſſeront point dans celle où l'on enſeignera les ſciences Rabbiniques & Talmudiques, juſqu'à ce qu'on les trouve capables d'étudier ces ſortes de ſciences; & lorſque les profeſſeurs connoîtront qu'il y aura quelqu'un qui ne ſera point en état d'entrer dans ces claſſes ſupérieures, il vaudra mieux qu'il le laiſſe ſe perfectionner un peu plus dans les études de la loi & de la morale, afin qu'il connoiſſe à aimer Dieu & à le craindre, & qu'on lui laiſſe apprendre le talent qu'il aimera le mieux, pour qu'il devienne au moins un bon Citoyen & un ſujet utile à ſon roi & à ſes freres (1).

(1) Doutera-t-on encore ſi les Juifs peuvent devenir citoyens?

Il ne faut point non plus laiſſer paſſer les écoliers des claſſes Rabbiniques & Talmudiques à celles où l'on étudiera les parties les plus obſcures & les plus difficiles du Talmud, s'ils n'en ſont point capables. Par ce moyen, chacun ſelon ſes forces & ſes talents fera des progrès dans ſa claſſe. Ces écoliers qui, après s'être perfectionnés dans les ſciences étrangeres, auront fait auſſi des progrès dans les études Talmudiques, deviendront des hommes célebres; ils s'occuperont avec aſſiduité des études ſaintes, en ſuivant ce véritable chemin dans lequel ils ont été habitués depuis l'enfance, & par leur eſprit éclairé, ils comprendront comme des perſonnes inſtruites les leçons Talmudiques dans toutes les regles; ils ſeront agréables aux yeux de Dieu & des hommes; ils rétabliront notre gloire, qui a été ternie parmi les autres peuples; nos autres freres, ſous leurs directions, s'efforceront chacun par leurs talents & par leurs travaux de porter une partie de leurs fardeaux, afin d'être utiles aux autres communautés & au bien de l'Etat. Nous n'avons pas tous été créés pour être Talmudistes, pour savoir approfondir les loix, ou pour être professeurs. Le Seigneur en créant les ames les a distinguées ; il a donné à chacune ses facultés dès le commencement ; & chacune, comme nous l'avons dit dans notre livre *Gan-nahul* (traité premier, chap. 4, paragraphes 1 & 2,) se perfectionne selon ses facultés & selon ce qui lui est propre. Nos savants ont dit plus que cela encore ; de cent écoliers, disent-ils, qui entrent en classe, deux seuls deviennent Talmudistes, & cinq à peine possedent l'Ecriture-sainte comme il faut. Cela est très-vrai, pourquoi donc assujettirons-nous des ames qui, dès leur création, n'ont pas été disposées pour de certains travaux c'est le véritable moyen de les éloigner même des talents pour lesquels la nature les a douées. Il y a encore bien de choses sur lesquelles votre savoir & votre prudence devront faire attention ; je suis persuadé que vous y prendrez tout le soin possible ; que vous regarderez ce petit ouvrage qui paroît pour la premiere fois à ce sujet, comme une marque d'amitié & d'attachement que j'ai pour notre peuple, dont la plus grande partie n'est pas en état de comprendre la racine des choses, pour en juger si elles sont véritablement bonnes ou mauvaises ; qu'il n'est que pour l'instruire & pour lui faire appercevoir le but pour lequel la sagesse de l'Empereur a ordonné toutes ces choses, & pour lui apprendre que c'est pour notre bien & pour celui de nos enfants à jamais, tant pour la félicité temporelle que pour l'éternelle. Je vous proteste que ce petit ouvrage n'a pas en vue les savants, ni les personnes intelligentes qui se trouvent parmi notre peuple ; ils en savent beaucoup plus que ce que mes foibles lumieres pourroient leur en apprendre.

Or, mes chers freres, mes maîtres & chèfs de nos communautés Juives de ce siecle heureux, si vous remplissez votre devoir en suivant tout ce que la bonté de l'Empereur nous a prescrit, vous vous attirerez assurément toutes sortes de bénédictions; les enfants qui viendront après nous dans tous les siecles béniront votre nom & votre bon souvenir; ils diront: Béni soit Dieu, qui a inspiré à nos peres de faire toutes ces choses pour notre bien; & que le Seigneur fasse éclater sur-tout de plus en plus la magnificence & la gloire de notre Empereur, qui, par sa sagesse impériale & de son propre gré, a prescrit & dirigé des loix sages, bonnes & convenables pour le bien de tous les habitants de son empire; qui dans toutes ces loix n'a point oublié notre pauvre peuple, en lui prescrivant des choses si bonnes & si salutaires, & de tous ceux d'entre nos jeunes gens qui auront fait éclater leur science dans tous les siecles, pour le bien de la société, & qui se seront acquis une bonne renommée dans tous les pays; on dira : ces hommes si distingués & si éclairés, sont ceux que la sagesse & la puissance de l'Empereur Joseph II ont enfantés; & tous d'une voix unanime s'écrieront : De même que sa puissance, pour faire le bien, a surpassé toutes les puissances humaines, celle du Seigneur l'assiste de ses divins conseils, qu'elle le prenne en sa garde, & qu'elle déploie sur sa personne impériale l'étendard de la sainte paix dans ce monde-ci & dans l'autre. *Amen.*

FIN.

A Paris, chez BELIN, Libraire, rue Saint-Jacques, N°. 27. 1790.

www.ingramcontent.com/pod-product-compliance
Ingram Content Group UK Ltd.
Pitfield, Milton Keynes, MK11 3LW, UK
UKHW031925260826
14628UKWH00003B/1420